強く生きる言葉

岡本太郎

イースト・プレス

強く生きる言葉

岡本太郎

イースト・プレス

目次

構成・監修　岡本敏子

自分

他人が笑おうが笑うまいが、自分の歌を歌えばいいんだよ。

才能

よく、あなたは才能があるから、岡本太郎だからやれるので、
凡人にはむずかしいという人がいる。
そんなことはウソだ。やろうとしないから、やれないんだ。
それだけのことだ。

ありのままの自分

こんなに弱い、なら弱いまま、
ありのままで進めば逆に勇気が出てくるじゃないか。
もっと平気で、自分自身と対決するんだよ。

自分を賭ける

いいかい、怖かったら怖いほど、逆にそこに飛び込むんだ。

やってごらん。

己

人に認められたいなんて思わないで、己を貫くんだね。
でなきゃ、
自分を賭けてやっていくことを見つけることは出来ないんだ。

自分

衝動

あっ、すごい！　という感動を起爆剤にする。
自分の内部に起こったこの炎のような衝動。
そして、よし、おれもという気持ちになれば、
完全にエネルギーがスパークすることになる。

やりたいこと

気まぐれでも、何でもかまわない。
ふと惹かれるものがあったら、計画性を考えないで、パッと、
何でもいいから、そのときやりたいことに手を出してみるといい。
不思議なもので、自分が求めているときには、
それにこたえてくれるものが自然にわかるものだ。

意志

意志を強くする方法なんてありはしない。
そんな余計なことを考えるな。
きみはほんとうは激しく生きたいんだよ。
だから、〝死〟が目の前に迫ってくる。
それはとても正常なことだ。

純粋

相手に伝わらなくてもいいんだと思って純粋さをつらぬけば、
逆にその純粋さは伝わるんだよ。

カッコウ

カッコよく生きようとするのは自分自身に甘えているにすぎない。
カッコウにとらわれそうになったら、自分を叩きつぶしてやれ。

能力

自分に能力がないなんて決めて、引っ込んでしまっては駄目だ。なければなおいい、今まで世の中で能力とか才能なんて思われていたものを超えた、決意の凄みを見せてやるというつもりで、やればいいんだよ。むしろ、能力のないほうが素晴らしいんだと平気で闘えば、逆に能力がひらいてくる。ぼくは、特別力が強いわけでもない、金をそんなにもっているわけでもない。頭脳だってそれほど優秀じゃないかもしれない。つまり、さまざまのマイナスの面を背負っている。でも、マイナスの面が大きければ大きいほど、逆にそれと反対の最高にふくれあがったものを自分に感じるわけだ。弱い、なら、弱いままありのままで進めばいいじゃないか。

自分を賭ける

自分を賭けることで力が出てくるんで、
能力の限界を考えていたら何もできやしないよ。

瞬間瞬間

自分という人間をその瞬間瞬間にぶつけていく。
そしてしょっちゅう新しく生まれ変わっていく、
エネルギーを燃やせば燃やすほど、
ぜんぜん別な世界観が出来てくる。

道

自分の道は自分の手でひらいていくんだよ。

傍観者

人生に命を賭けていないんだ。
だからとかくただの傍観者になってしまう。

目的のない闘い

目的を持たないことが〝ぼくの目的〟だった。
つまりね、限定された目的なんか持ちたくない。
いつも目的を超えて平気でいる。
そこから自分がひらけていく。
目的なんかない闘いだったが、
それだけが、ぼくが生を貫いていく筋だった。

成功

人間にとって成功とはいったい何だろう。

結局のところ、自分の夢に向かって自分がどれだけ挑んだか、努力したかどうか、ではないだろうか。

感性

感性をみがくという言葉はおかしいと思うんだ。
感性というのは、誰にでも、瞬間にわき起こるものだ。
感性だけ鋭くして、みがきたいと思ってもだめだね。
自分自身をいろいろな条件にぶっつけることによって、
はじめて自分全体のなかに燃えあがり、広がるものが感性だよ。

失敗

なにかをやって失敗したりすると、その失敗したことにこだわって
くよくよ悩んだり考え込んだりするものだ。
そんなことはいっさい気にしちゃだめなんだよ。
悩んだり考えこんだりする時間があったら、もう1度
その失敗したことをまったく新しい気持ちでやってみるんだ。
どんなことがあっても、自分がまちがっていたとか、
心をいれかえるとか、そういう卑しい変節をするべきではない。
一見、謙虚に見えて、それはごま化しであるにすぎないのだ。

駄目

駄目なら駄目人間でいいと思って、
駄目なりに自由に、制約を受けないで生きていく。
そうすれば、何か、
見つけられるチャンスがおのずからひらけてくる。
決意するのだ。よし、駄目になってやろう。
そうすると、もりもりっと力がわいてくる。

コンプレックス

プライドがあれば、
他人の前で自分をよく見せようという必要はないのに、
他人の前に出ると、
自分をよく見せようと思ってしまうのは、
その人間にコンプレックスがあるからだ。

劣等感

劣等コンプレックスから抜け出すためには、
その劣っている面じゃない、
すばらしいほうの面から自分を見返して、
駄目ならかえっておもしろいじゃないか、
というように発想を変えてみることだね。
そうすれば心がもっと自由になるし、
心が自由になれば周囲の視線も気にならなくなる。

自信

自信なんてことを目標にしなくていい。また、すべきじゃない。自信なんてことを考えるから、人の目が気になるんだ。

ぼくは自信があるとは思っていない。自信なんてものは、どうでもいいじゃないか。そんなもので行動したら、ロクなことはないと思う。

ほんとうは人なんかキミのことを、全然見ちゃいないのかもしれないんだよ。人の目を意識するような者にかぎって、人から見られもしないし問題にもされていない場合がほとんどだ。

自信に満ちて見えると言われるけれど、僕自身は自分を始終、落ちこませているんだ。徹底的に自分を追いつめ、自信を持ちたいなどという卑しい考えを持たないように、突き放す。

挑戦

挑戦は美であり、スタイルだ。

挑戦した上での不成功者と、挑戦を避けたままの不成功者とではまったく天地のへだたりがある。挑戦した不成功者には、再挑戦者としての新しい輝きが約束されるだろうが、挑戦を避けたままでオリてしまったやつには新しい人生などはない。

他人が笑おうが笑うまいが自分で自分の歌を歌えばいいんだよ。
歌にかぎらず他人の判断ばかりを気にしていては
本当の人間としての責任がもてない。
もし自分がヘマだったら、〃ああ、おれはヘマだな〃と思えばいい。もし弱い人間だったら〃ああ弱いんだなあ〃でいいじゃないか。

自分の歌

音痴

みんなから歌がうまいと言われるヤツだって、自分はうまいけど、やはりあの人には劣っていると思っているものだ。そういう人の前で、平気で下手に、明るく歌を歌ってやればきっとうらやましがられる。ひとつ、いい提案をしようか。音痴同士の会を作って、そこで、ふんぞりかえって歌うんだよ。それも、音痴同士がいたわりあって集うんじゃだめ。得意になってさ。しまいには音痴でないものが、頭をさげて音痴同好会に入れてくれといってくるくらい堂々と歌いあげるんだ。

人生

人生は〝積みへらし〟だ。

冒険

人生、即、絶対的な闘いなのだ。
それは絶え間のない、永遠の冒険だと言ってもいい。

人生とは

人生は積み重ねだと誰でも思っているようだ。
ぼくは逆に、積みへらすべきだと思う。
財産も知識も、蓄えれば蓄えるほど、
かえって人間は自在さを失ってしまう。

年齢

年とともに若くなっていくのが自分でわかるね。

自分自身

だれでも、青春の日、人生にはじめてまともにぶつかる瞬間がある。
そのとき、ふと浮びあがってくる異様な映像に戦慄する。
それが自分自身の姿であることに驚くのだ。

人生とは　人生は、他人を負かすなんてケチくさい卑小なものじゃない。

一流

格好だけ、
世間にうまく売り込んだだけの一流を相手にしても意味はない。
たとえマスコミに知られない無名の人でも、
自分をつらぬいて生きている人がいたら、
そういう人をみつけてつきあうことだ。

顔

よく、したり顔で、
四十を過ぎたら自分の顔に責任をもて、
なんて言うやつがいる。
いやったらしい表現だ。
自分の顔に責任をもってるような顔なんて、
考えただけでうす汚い。

決意

人生はキミ自身が決意し、貫くしかないんだよ。

忘れることの素晴らしさ

ぼくは忘れるということを、素晴らしいことだと思っている。
負けおしみではなく、忘れるからこそ、つねに新鮮でいられるんだ。

アキラ
メロ

ぼくは口が裂けてもアキラメロなどとは言わない。

人生とは

ぼくは、五つ、六つのときから、
自分はこう生きていくんだという考えをもっていた。
筋をもっていたんだ。

生きがい

いつでも計算を超えた、無目的の闘い、
あらゆる対象への無条件な挑戦をつづけることが、
人間的であり、生きがいだと信じている。

しあわせ
なら
手を
叩こう

昔、〝しあわせなら手を叩こう〟という歌がはやったことがある。
若い連中がよくその歌を合唱して、〝手を叩こう〟ポンポンなんて、
にこにこやっているのを見ると猛烈に腹が立って、
ケトバシてやりたくなったもんだ。
ニブイ人間だけが「しあわせ」なんだ。

信念

信念のためには、
たとえ敗れるとわかっていても、おのれを貫く、
そういう精神の高貴さがなくて、
何が人間ぞとぼくはいいいたいんだ。

青春

傷つけ、傷つけられる、そのいたみこそ青春のあかしだ。
青春こそがこの世界の肉体であり、エネルギー源なんだ。
青春は永遠に、はじめからのやり直しだ。

死と生

死ぬと大騒ぎするけれど、
死ぬことと生きることは、
ぼくにいわせればおなじことなんだ。

顔色

親の顔色をうかがっていいなりになるとしようか。
が、それが君自身の人生なんだろうか。そうじゃないだろう。
親の人生をなぞるだけになってしまう。
そんな人生に責任が持てるかい。
自分自身の生きるスジはだれにも渡してはならないんだ。

世の中

人間はその数だけ、それぞれ、
その姿のまま誇らしくなければならない。

孤独

孤独で、自分と闘っている人間は、鏡に向かって対話するんだよ。
孤独を純粋につらぬけばつらぬくほど、逆にそれは魅力になってくる。

孤独感

孤独感をもっているのはキミだけじゃない。
人間全部が孤独感をもっている。

成功

成功だけを意図してやってきた連中というのは、ほとんど成功していないんだね。そういう人は他に対しても、自分自身に対してもみじめだな。

成功したという人をみても、自分に甘えたり、適当にうまくやろうとして成功したんじゃなくて、こんなことをしたら自分はだめになってしまうんじゃないか、死んじゃうんじゃないかと妥協しないで、自分をつらぬいてきた者のほうが成功している。

成功

成功しなくてもいいということを前提としてやっていれば、何でもないだろう。思いどおりの結果なんだから。逆に成功することだってあるかもしれないよ。

成功

むしろ〝成功は失敗のもと〟と逆に言いたい。
その方が、この人生の面白さを正確に言いあてている。

危険

危険だ、という道は必ず、自分の行きたい道なのだ。
ほんとうはそっちに進みたいんだ。
危険だから生きる意味があるんだ。

自分

今までの自分なんか、蹴トバシてやる。
そのつもりで、ちょうどいい。
いちばん大切なのは、自分自身にうち勝って、
自分の生きがいを貫くこと、
これがいちばん美しい。

負けた者

負けた者こそバンザーイと、
大いに胸を張ってにっこりする、これだよ。

成功

成功しないように成功しないように、問題をぶっつけて生きてきた。
ぼくは絶対に成功しないことを目的にしている。
それが逆に人に好かれることになれば、それはご勝手だ。

敵

もし自分の敵があるとすれば、
画商や批評家や、画壇なんてものじゃなくて、
自分自身なんだ。

一流と三流

よく〝一流好み〟の人がいるが、それはつまりただ世間の、他人の評価をウノミにしてありがたがってることだろう。誰がなんといおうと、三流だろうが五流だろうが、自分のいいと思うものはいい、という態度を貫かなければ〝ほんもの〟なんかわかりゃしないよ。

一流だから知りたい、好きになりたいなんていう、さもしい根性をもたずに、自分のほんとうに感動する人間を探し、つかまえるんだね。その発見をポイントに世の中全体にその価値を認めさせるように、きみ自身、力を尽せばいい。そうすると世界が変わってくるよ。

自分を責めること

自分自身を責めることで慰め、
ごまかしている人が、意外に多いんだよ。
そういうのは甘えだ。惨めな根性だと思うね。

失敗

何かすごい決定的なことをやらなきゃ、なんて思わないで、そんなに力まずに、チッポケなことでもいいから、心の動く方向にまっすぐ行くのだ。失敗してもいいから。

1度失敗したなら、よしもう1度失敗してやるぞ、というぐらいの意気ごみでやることが大切なんだ。

うじうじと考える必要はない。すべてのマイナスをプラスの面でつらぬけば、マイナスだと思っているものがプラスになって転換してくる。

善と悪

善と悪と、ばかにかっきり分けていうけれど、善がなければ悪はないのだし、悪がなければ善はないのさ。それは運命の裏表だ。だから、悪が強くなればなるほど、善が強くならなければならない。自分には悪いことはできない、なんていい気になっていると、悪人以上に害悪をまきちらすかもしれないよ。

勉強

一生懸命、キミ自身の勉強をして
高い人間性を目指せば、それでいいんだ。

一寸先

賭けるんだ。

瞬間瞬間が一回きりの賭けで、賭けた以上は一寸先は虚無だろう。

だから、賭けとおし貫いて自分の運命を生きなければならない。

期待

期待というのは、自分自身に対してもつものであって、
他には期待しない。なんにも求めない。
みんな、人に期待したり、なぜ英雄は出ないのかなどと、
そんなことばかり言っている。自分こそがとは誰も言わない。
尊敬する人をもつことは甘えだと思う。
それよりも、感動を大切にしろとぼくはいいたい。

健康法

健康法なんて考えないことが、いちばんの健康法だ。

思想

思想はほとんどの場合、社会の情勢とは悲劇的に対立する。
しかし、その対決で世界は充実していく。それが〝思想〟なんだよ。
ほんものの思想だったら、情況はどうあれ、
そんなにかんたんにコロコロと変わるものではないはずなんだ。

過去

過去はとかく美化される。
だから正しい、
というのは老人の感傷以外のなにものでもない。

調和

ほんとうの調和というのは、
お互いに意見をぶっつけ、フェアにぶつかりあうこと。

ルール

ルールは一応守らなければならない。

しかし、ただ大勢の人達が守っているから、自分も従っていくという意志のなさではなくて、ルールは守ると同時に、内なる自由、抵抗をつねにもっていく。そのような大らかで激しい心を、人間的な誇りとしてもたなければいけない。

常識

人生で本筋を通そうとすればするほど、どうしたって一般の常識とは対立するんだ。このときデリカシーをもって、その対立を逆に生かしていけば、お互いが生きてくるんだよ。

ファッション

ファッションで注目を浴びようというのもいいけれど、それより、もっと人間として大切なのは、自分のからだを張って、自分の存在を主張していくことだろう。

こんな服を着ておしゃれをしたから、どんなふうに自分が変わったかなんて外見的なことばかりで鏡を見ないで、自分と対決するために鏡を見る。これが、ほんとうの鏡の見方だ。

生活

背広を着て現代を受け入れながら、本質的にはねかえしていくんだ。
制約されるからこそ、内にたぎる、反逆する情熱。
それを色、形、言葉、行動として爆発させていくんだよ。

順応

生活にはさまざまの条件がある。
ある程度それに順応しながら、
一方では純粋に孤独に己をつらぬくことができる。
相対的と絶対的の矛盾のなかに、
己を生かしてゆくのがほんとうの人間だよ。

友情

純粋に自分の直感や生きる意味をつかんで、
他人と自分がぶつかりあうことでひき離し、
ひき離すことで楽しくぶつかりあえばいい。
挑まなければ、ぶつからなければ、
ほんとうの友情は生まれるものじゃない。

親友

自分のほんとうのことをぶちまけて、ぶつかり合って、
いい意味での闘いをする相手のことを親友というんだ。

会社

〝会社〟によって自分の人生を考えるのではなく、
もっと純粋に自分自身の人生を考えることだな。
よく汚職事件が起きると、自殺する人が出るけど、
これだって自分の会社だけがよければいい、と考えているからだ。

出世

出世したいと思って、上役におもねったり取り入ろうとするから、
イヤらしい人間になってしまうんだ。
それよりも、自分は出世なんかしなくっていいと思ってしまえば、
逆に魅力的な人間になってくる。

大人

よく、大人たちは若者の気が知れないとか、だらしないとか、
自分たちの時代のズレを、若い世代のほうにおっかぶせる。
未熟なら未熟なりに、成熟したら成熟したなりの顔をもって、
精いっぱいに挑み、生きていけ。
大人たちからみた、道徳がないようにみえる若い世代にこそ、
新しい今日の状態に即応した道徳が生まれなければならないのだ。

純粋

絶対に妥協しないで。

人と争うのじゃなくてニッコリ笑っていればいい。そうするといつか相手にキミ自身の純粋さがわかってくる。そして、相手が自分も彼みたいな純粋さをもてればいいなと思いはじめるものなんだ。

人生

人間だれでもが障害者なのだ。たとえ気どった恰好をしてみても、八頭身であろうが、それをもし見えない鏡に映してみたら、それぞれの絶望的な形でひんまがっている。しかし人間は、切実な人間こそは、自分のゆがみに残酷な対決をしながら、また撫でいたわりながら、人生の局面を貫いて生き、進んでいくのだ。

無名の人

この世には根性を貫いたがゆえに、敗れ去った人だっていっぱいいる。純粋であればあるほど、この世では敗れざるを得ない。まったく無名の人物でも、素晴らしい、己を貫いた尊敬に価する人物はいっぱい存在したはずだろう。そういう人間の運命の方に、ぼくは加担したいな。

己自身

人生を真に貫こうとすれば、必ず、条件に挑まなければならない。
いのちを賭けて運命と対決するのだ。
そのとき、切実にぶつかるのは己自身だ。
己が最大の味方であり、また敵なんだから。

ほんもの

人間は誰でも〝ほんもの〟を求めているはずだ。だが、たいていの人がいい加減のところで状況に妥協し、仮のもので我慢してしまう。なぜだろうか。それは逆に、〝ほんもの〟なんてものがあると思っているからだ。それは考え違いなんだ。

未熟

熟したものは逆に無抵抗なものだ。

そこへいくと、未熟というものは運命全体、世界全体を相手に、自分の運命をぶつけ、ひらいていかなければいけないが、それだけに闘う力というものを持っている。

矛盾

社会内の個。

純粋であればあるほど人生というものは悲劇だ。人間はすべて矛盾のなかに生きている。だから矛盾に絶望してしまったら負け、落ちこむのだ。それよりも、矛盾のなかで面白く生きようと、発想を転換することはできないだろうか。

シロウト

本当の人間はみんな透明な眼をもった猛烈なシロウトなのである。

決意

生涯を通じて、決意した自分に絶望的に賭けるのだ。
変節してはならない。
精神は以後、不変であり、年をとらない。
ひたすら、透明に、みがかれるだけだ。

アンチ

社会的に状況や世間体とも闘う。
アンチである、と同時に自分に対しても闘わなければならない。
これはむずかしい。きつい。
社会では拒否されるだろう。
だが、そういうほんとうの生き方を生きることが人生の筋だ。

それじゃだめなんだ。

人間は誰でも孤独のなかで、
自分ひとりで重い運命を背負って生きている。

ひとり

孤独感

孤独感にたじろいじゃって、逃避してしまっている、ごまかしてしまっているところに虚しさがあるんで、逃げない、ごまかさないで、積極的に孤独をつらぬけば、逆に人間的にひらいて、みんなと一体になることができる。

絶対感

何のためこの世に来たのか。
そして生きつづけているのか。
ほんとうを言えば、誰も知らない。
本来、生きること、死ぬことの絶対感があるだけなのだ。

生きがい

みんなが悪だときめているものが、
実は悪でなくて、
ほんとうに生きがいのある情熱かもしれない。

釘

誰もが、あえて出る釘になる決意をしなければ、時代はひらかれない。

成績

先生の教えたこと、学校の規則に抵抗感なく適応する子だけが、
成績がいいという評価を受けてしまう。

防衛

人間はみんなおなじなのに、
国境のおかげでトゲトゲしくなったり、
軍備を競いあったり、水爆までつくったり。
実際、何のために誰のためにそして何を、
〝防衛〟するんだか、聞きたいもんだね。

サービス精神

お笑いタレントみたいなしゃべり方をする人が結構多い。
それはサービス精神かもしれないが、
つまりはみんなに悪く思われたくない、
自分がかわいい一念なのだ。

知識

自分だけが独占している知識、それで威張ろうなんて卑しい。

生命

ズバリ答えよう。金と名誉を捨てたら人間の〝生命〟がのこるんだ。つまり、人間のほんとうの存在だけが生きる。

金と名誉を拒否したところに、人間のほんとうの出発点がある。

人間らしく

自分らしくある必要はない。
むしろ、〝人間らしく〟生きる道を考えてほしい。

つながり

深山の断崖を飛翔する鷹をみてごらん。
運命を誇らしげに両翼にみなぎらせて宙を舞っている。
その姿は高貴だ。
人間をまったく無視して、人間とのなれあいを断絶している。
そのような生きものの生きざまに、
ぼくは人間として命のつながりを感じる。

恋愛

愛に燃える瞬間が永遠、瞬間の中に永遠があるんだ。

恋愛

愛に燃えるその瞬間が〝永遠〟なんだよ。

永遠

永遠というのは時間を越えた〝瞬間〟なんだ。
だから、愛に燃える瞬間が永遠で、
その後につづこうがつづくまいが、どのようなかたちであろうと、
消えてしまってもそれは別なことだよ。

男と女

男も女も、一人一人では全体ではない。
向かいあって、相手を見て、
一体になってはじめて一つの全的な存在、
いわば一つの宇宙になるのだ。

女性

男はほんとうに女性的な女性の世界観から
自分のなかに欠落しているものを、見出すことができる。
これが喜びであり、救いとなる。

夫婦

夫婦である以前の、無条件な男、女であるという立場。
新鮮な関係にあるようにしていかなければ一緒にいる意味がない。
密着していると同時に離れている、
純粋な関係を保っていく必要がある。

片思い

たとえば片思いも立派な恋愛なんだ。

自分が片思いしているる。そう思っているときの方が強烈だ。

つまり、相思相愛、おめでたいのが恋愛ではなくて、片思いが恋愛だといえる。

必ずしも相手がこちらを意識しなくてもいいんだ。こちらが相手と出会ったという気持ちがあれば、それがほんとうの出会いで、自己発見なんだ。

恋愛というものは、こちらが惚れれば惚れるほど、よろこびと同時に心配や不安といったものが起こってくる。

顔

女性の数は世界中に何千億といるんだ。一人一人の人生があり、顔があるんだから、これが美人、これがブス、と型を決める必要はないじゃないか。

そんなことに、クヨクヨするひまがあったら、もっと君自身、心を輝かし、純粋さを顔に出すことを考えたほうがいい。

恋の相手

もしハンサムじゃないという悩みを持っているなら、そして純粋さでは他の誰にも負けないという自信があるなら、女性に対しても、いわゆる美女にとらわれず、自分と同じように純粋な女性を恋の相手に選べばいい。

結婚

日本の女性は、とにかく、結婚してくれとすぐにいい出す。

そういう女性のイヤらしい面をみると、ぼくは〝女性〟という感じがなくなってしまうんだな。

美人

どんなにすごい美人にでも、無視されてもいいから、彼女のそばで、気持ちをひらけばいいんだ。愛情を素直に彼女に示すんだ。その結果、彼女から答えが得られようが得られなかろうが、お返しを期待せず自分の心をひらくことで、自分自身が救われるはずだ。

あの人は美しいとか、美しくないとか決めてしまうことがイヤしいことなんだ。

きれい

きれいな女のひとに会っても、ただきれいだなと思うだけで、さして気にとめないことが多いのに、いっぽう、きれいだとも思わないのになにか惹きつけられる人がいるだろう。

そして、その人がすばらしい女性だったら、つきあっているうちに、内のほうから美しさがかがやいてくるような感じで、ついには、ほんとうにきれいであるような気さえする。

そんな人は、美しい。

相手

男性の方だけが愛している場合は、自分だけで燃えているんだ。自分で自分を試しているんだ。自分が自分に挑んでいる。だから、自分に勝つか負けるかが問題で、これは相手に対する闘いでなく自分自身に対する闘いなんだ。ぼくが体験してきた愛というのは、そうだった。

世界

新婦は結婚したその日から世界中の男の女房になったつもりになりなさい、新郎は世界中の女性の亭主になったつもりになりなさい。

運命

自分がこの親の血をひいているなんて考える必要はまったくない。たまたま、偶然に生まれてきただけで、あまりこの親から生まれてきたとか考えない方がいいんだな。

女性が身を売るというと、そこにはセックスが介在するけど、男だってこの世の中に生きていくためには、みんな生活のために身を売っているじゃないか。精神的にも肉体的にもね。

セックス

男性的男性

男性的男性の弱さを、女性は本能的に見ぬいてしまう。

情熱

情熱的であるためには、
すべからく冷静に、
聡明に自分の真の心をつかんでほしいな。

錯覚

青春にとって、恋は確かにひとつの夢だけれど、
錯覚からはじまった関係が実りをもたらすはずはない。

友情

自分では恋だと思いこんでいるけれど、
実は、いわゆる恋愛ではなく、友情なんじゃないか。
そういうことはよくあるね。

女友達

すばらしい女友達をたくさん持つ。
その豊かな男らしさ、
おおらかさからほんとうの恋愛が生まれると思うよ。

泥沼

泥沼に入るなら入ったでいいじゃないか。
泥沼を怖れてヘッピリ腰、びくびくしながら、
彼女を恋いこがれているんじゃ意味はないね。

岡本太郎

君の心の中にいつでも「岡本太郎」がいるよ！

心の中

心のなかに生きている。
その心のなかの岡本太郎と出会いたいときに出会えばいい。

モットー　逃げない、はればれと立ち向かう、それがぼくのモットーだ。

岡本太郎

運命

「出る釘は打たれる」——耐えなければならない運命というものを、ナマに、ひしひしと感じとった思い出がある。小学校二、三年の頃。考えてみれば、その時代から、今日に至るまでぼくは少しも変わっていない。

苦しいとき

ぼくはどんなに苦しいときでも、苦しいような顔をしないから、自由気ままに生きているようにみられたね。ぼくはいままでどんなに苦しい状況のなかにあっても、にっこり笑って悲劇的でありたいと思っていたからね。

食えなけりゃ食えなくても、と覚悟すればいいんだ。それが第一歩だ。

その方が面白い。

岡本太郎

嵐

絶対に反抗することができない世界で、弱腰になったら負けてしまう。
だから、逆に挑戦した。
弱気になって逃げようとしたら、絶対に状況に負けてしまう。
逆に、挑むのだ。無目的に、まったく意味のない挑み。

犬生き

つまらない生き方でだらだらと生きているのが犬生きさ。

でも今は、ほとんどの人間がそうだよ。

カッコよく生きているといわれている連中だって、犬生きしているにすぎないのが多い。

岡本太郎

赤

赤こそ男の色ではないか。激しさを象徴する。
自分の全身を赤にそめたい。
ぼくが好きなほんとうの血の色というのは、
人間が生命を賭けて危険な冒険に挑み、
その結果、パッと噴出する血。

「危険な道をとる」

いのちを投げ出す気持ちで、自らに誓った。

死に対面する以外の生はないのだ。

その他の空しい条件は切り捨てよう。

そして、運命を爆発させるのだ。

危険な道

しあわせ

ぼくは、しあわせ反対論者なんだ。つまりね、簡単にいってしまえば、人間がしあわせと思っているときは、死がいちばん遠ざかったときなんだ。しかし、これは生きがいを失ったことになる。そんなしあわせは、ぼくは欲しくないね。

岡本太郎

フェア

フェアな態度でぶつかり合えば、お互いに親近感を感じるものだよ。

殴り合い

殴りあいからお互いが理解できる場合だってある。
闘っていくことを忘れてはいけない。

岡本太郎

死を怖れて尻込みしていても、それは意味がない。
〝死〟と〝生〟とはいつでも対面しているものなんだ。
むしろ、恐怖と面と向かい、〝死〟と対決しなければ、
強烈な生命感はわきおこってこない。

〝ほんもの〟なんてものはない。

絶対的な生き方を求め、

それに自分を賭けるってことがあるだけなんだな。

ほんもの

岡本太郎

不条理

賭けとおし、貫いて運命を生きる、そのためにつまらぬ目にあい、不条理に痛めつけられても、それはむしろ嬉しい条件として笑って貫きとおす人間でありたい。ふりかかってくる災いは、あたかも恋人を抱き入れるように受ける。

職業

絵は好きだったが、ただの絵描きになろうとは思わなかったな。もっと自由に生きたい。何か、ほんとうに自分らしく。ぼくは自分の仕事というか職業を狭く決めてしまうのは、どうも面白くなかったんだ。絵にしろ、彫刻にしろ、文章でもテレビでも、それを売って食うためにやるなんてことは空しいと思うんだ。だからぼくはあらゆることをやるけれど、職業じゃない、人間として、言いたいことを言う、やりたいことをやる。収入はそれについてくることもあるし、こないこともある。勝手にしやがれだよ。

岡本太郎

生活

ただ食えて、生命をつないでいるだけじゃ、辛いよ。たとえ生活の不安がなくても、毎日が実に空虚だし、実際、むなしい。何を自分はほんとうにやりたいのか。そうなってからじゃ、もう遅いんだなあ。

コンビ

漫才師にかぎらずコンビで何かやるときはみんな同じだ。
遠慮したり、内にこもらせず、面白くぶつかりあうことが大事だね。
ぶつかり合うことが面白いと思って互いをぶつけ合う。
そうすれば、逆に生きてくる。
ぼくは世界がぼくのコンビだと思って仕事をしてきているからね。
だから、世界を相手に作品をぶっつけている。
ぼくが毎回言っていることだが、人に好かれないことを前提に、
世界を相手に作品をぶっつけてきたのもそのためだ。

社会

ぼくは全人間的に社会的な問題にも発言して、
絵はもちろん描くが、その他のことでも、
いろいろな問題とぶつかって日本で闘っていきたい。

岡本太郎

犬

心の底から平気で、出世なんかしなくていいと思っていれば、
遠くの方でちぢこまっている犬のようにはみえないんだ。

順番

順番なんてほんとうの人間の価値とは何の関係もないんだよ。

岡本太郎

中年

中年を過ぎると、人生に対する意気込みがにぶるものだ。その結果、生命が惜しくなってくる。これは人間としての堕落だね。

コミュニケーション

会ったことがない人、あるいは一生会う機会がないような人とも、自分の作品や発言を通してコミュニケーションしていくことなんだ。そこにぼくは生きがいを感じる。

岡本太郎

ぼくは

ぼくはこうしなさいとか、こうすべきだなんて言うつもりはない。

〝ぼくだったらこうする〟というだけだ。

それに共感する人、反発する人、それはご自由だ。

正面

ぶつかってきたこの運命に正面から戦いを挑んでゆくほかはない。
でなければ、滅亡するだけだ。

眼の前

眼の前にはいつも、なんにもない。
ただ前に向かって身心をぶつけて挑む、瞬間、瞬間があるだけ。

岡本太郎

爆発

自分に忠実だなんていう人に限って、自分を大切にして、自分を破ろうとしない。大事にするから、弱くなってしまうのだ。己自身と闘え。自分自身を突きとばせばいいのだ。炎はその瞬間に燃えあがり、あとは無。爆発するんだ。全身全霊が宇宙に向かって無条件にパーッとひらくこと。それが「爆発」だ。人生は本来、瞬間瞬間に、無償、無目的に爆発しつづけるべきだ。いのちのほんとうの在り方だ。

ぼくが芸術というのは生きることそのものである。人間として最も強烈に生きる者、無条件に生命をつき出し爆発する、その生き方こそが芸術なのだということを強調したい。

〝芸術は爆発だ〟

夢

なぜパリなんだい。それになぜ、芸術家なんだい。ただ格好つけた夢にすぎないじゃないか。どんな社会的な生活をしていようと、人間はそれぞれ自分の運命という重みを背負って生きているんだ。

岡本太郎

運命

一人ひとり、になう運命が栄光に輝くことも、また惨めであることも、ともに巨大なドラマとして終わるのだ。人類全体の運命もそれと同じようにいつかは消える。無目的にふくらみ、輝いて、最後に爆発する。平然と人類がこの世から去るとしたら、それがぼくには光栄だと思える。

一人ぼっちのガキ大将

ぼくは、いつもガキ大将相手に、たった一人で闘ったんだ。
一人ぼっちのガキ大将だ。
子分は一人もいない。
だがガキ大将よりふくらんで、そして血だらけになっていた。

岡本太郎

エネルギー

財産が欲しいとか、地位が欲しいとか、あるいは名誉なんていうものは、ぼくは少しも欲しくはない。欲しいのはマグマのように噴出するエネルギーだ。

人間

面白いねえ、実に。オレの人生は。だって、道がないんだ。
だからぼくは、〝本職は人間だ〟と答えてやるんだ。

岡本太郎

僕

ぼくはきみの心のなかに実在している。
疑う必要はいっさいないさ。そうだろ。

本書は以下の文献より、抜粋、再編集しました。

「太郎に訊け！」 青林工芸舎
「太郎に訊け！2」 青林工芸舎
「日本人は爆発しなければならない」 アム・プロモーション
「青春ピカソ」 新潮社
「岡本太郎 歓喜」 二玄社
「今日の芸術」 光文社
「芸術と青春」 光文社
「太陽の人・岡本太郎」 JTB
「自分の中に毒を持て」 青春出版社

写真提供　川崎市岡本太郎美術館
協力　岡本太郎記念館

太郎のつぶやき

岡本太郎が普段の生活の中で、動きまわりながら、ふっと洩らす言葉。何気なく聞き逃してしまえばそのまま消え失せて、二度と戻ってこない。だがその片言が噛みしめてみるとユニークで、とても面白い。宙に拡散してしまうには、あまりに勿体ない。

私はくっついて歩いて、一言も聞き漏らすまいと、しょっちゅうメモをとっていた。あっちへ飛び、こっちへ飛びするのだが、彼の生き方の筋は一貫しているから、まとめて読み返してみると独特の哲学、人生論になっている。

この本はそういう彼の、ふっとつぶやく気配、息づかいがそのまま伝わるように構成した。

通して読まなくても、どこから読みはじめて頂いてもいい。パッとひろげた、そのページをその日のお告げだと思って、運命的な出会いを試してみるのもいいかもしれない。

花田清輝は、岡本太郎は金太郎飴みたいだ、どこを切っても岡本太郎だ、という名言を残したが、まったくその通り。ここに見られるように、どんな短い寸言でも、まるごと岡本太郎であって、すっくと立っている。

力強く、鋭くて、それでいてデリケートな太郎の言葉は、きっと今の、どっちを向いて歩きだしたらいいのか解らない、途方にくれた人々を力づけ、勇気を与えるに違いない。

元気な人は励まされてもっと元気に、愛のある人はもっと優しく、それぞれにこれらの言葉を噛みしめて、いのちを輝かしてほしい。

岡本敏子

強く生きる言葉〈新装版〉

発行日　二〇二四年十一月二二日第一刷発行
著者　岡本太郎
構成・監修　岡本敏子
ブック・デザイン　鈴木成一デザイン室
発行人　永田和泉
発行所　株式会社イースト・プレス
〒一〇一-〇〇五一
東京都千代田区神田神保町二-四-七　久月神田ビル
電話〇三-五二一三-四七〇〇　ファクス〇三-五二一三-四七〇一
印刷所　中央精版印刷株式会社

ISBN978-4-7816-2399-3 C0095